CHARLOTTE-
PEIXE-
BORBOLETA-

CHARLOTTE-PEIXE-BORBOLETA-

PEDRO KALIL

Relicário

Pra Vivi

© Relicário Edições
© Pedro Kalil

CIP –Brasil Catalogação-na-Fonte | Sindicato Nacional dos Editores de Livro, RJ

K144c

Kalil, Pedro

Charlotte-peixe-borboleta / Pedro Kalil. -- Belo Horizonte, MG : Relicário Edições, 2016.

48 p. ; 10cm x 14cm
ISBN: 978-85-66786-33-0

1. Teatro brasileiro. 2. Teatro – Literatura brasileira. I. Título.

CDD B869.2

COORDENAÇÃO EDITORIAL Maíra Nassif Passos
PROJETO GRÁFICO & DIAGRAMAÇÃO Ana C. Bahia
REVISÃO Maria Fernanda Moreira

RELICÁRIO EDIÇÕES
www.relicarioedicoes.com
contato@relicarioedicoes.com

PREFÁCIO

A TAREFA DIFÍCIL
DE ENXERGAR O VISÍVEL:
por uma gramática de outras barricadas
com Pedro Kalil

por Tatiana Pequeno[*]

* Tatiana Pequeno é professora do Instituto de Letras da Universidade Federal Fluminense (Niterói, Rio de Janeiro). É autora dos livros de poesia *Réplica das urtigas* (2009) e *Aceno* (2014).

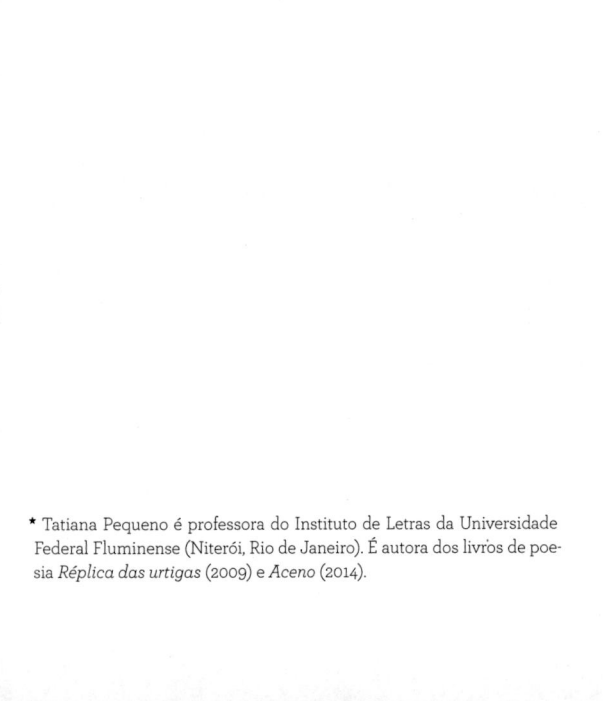

> *Perguntar "quem sou" é uma pergunta de
> escravo; perguntar "quem me chama" é
> uma pergunta de Homem livre.*
> (Maria Gabriela Llansol, *Um falcão no punho*, p. 130)

É possível que Charlotte, peixe e borboleta, tenha sido concebida pela troca afetiva de palavras que procuravam, pelos idos do ano 2000, compreender quais eram os destinos possíveis para uma mulher. Mas não apenas sobre os lugares dirigidos para uma mulher, mas pelos sentidos metafóricos e metonímicos que mulheres desempenham nesta (nossa) cultura. Falo das lanças que desenham o perímetro e a área das janelas do Convento de Santa Teresa, no Rio de Janeiro, mas falo também de palavras trocadas na beira de uma piscininha no terraço de um apartamento no bairro Sagrada Família, na BH de quinze anos atrás, quando Pedro Kalil afirmou categoricamente que faria o curso de Letras e ao fundo, numa tarde quase barroca, tocava Luna no *cd player* (comandado então pelo Bruno Paes) da casa do Rogério Brittes. Nesse tempo azulado, em que podíamos ser conhecidos por medos, apostas e afetos, pelas diversas formas de escrita sobre o mundo como potência e mistério, éramos uma comunidade. Crescemos, nos tornamos adultos e ainda *precisamos* saber.

Charlotte, como que inspirada pelo protagonismo histórico de Charlotte Wilson na elaboração do texto e do discurso anarquista e dos lugares do feminino no início do século XX, *precisa* saber. E escreve porque busca. Ademais, se falo de lanças e insisto nisso, é porque Charlotte, a única personagem da peça de Pedro Kalil, é cerceada por uma ética que a mantém aprisionada e claudicante, apesar de viva. Viva (de maneira imperativa), mas condicionada à atividade escravizada de precisar mostrar o visível. Ferida pela linguagem, Charlotte não consegue se levantar. Charlotte procura o eixo, a expressão, a língua, o norte, tudo o que a referida ética exige, mas Charlotte é um peixe, uma borboleta. Charlotte é uma derivação complexa de sua própria composição num solitário processo de formação e de previsão de palavras. Para a gramática normativa que previu para ela fogueiras, grades e lanças para os que dela se aproximarem, Charlotte é a histérica, a puta sedenta e covarde que trai a natureza da perpetuação da espécie por não aceitar a origem da sua violação. Charlotte é uma mulher. Mas poderia ser também alguém que não é bem-vindo ao mundo da livre-iniciativa. Porque Charlotte é lenta. Charlotte levou anos para conseguir dizer a sua história de diários e confidências (ela compartilharia conosco o seu *about* sabido desde sempre por quem conhece histórias de mulheres "te acalma, minha loucura" ou "mulher farpada e apaixonada", em versos de Ana Cristina Cesar). Charlotte é ave-peixe-borboleta potente de metamorfoses. Nesse ir além, Charlotte lembra o verso de pura derrelição de Orides Fontela: "O pássaro não serve." Porque ela, Charlotte, não serve para este nosso mundo.

Engana-se quem acredita que o texto de Pedro Kalil, por trazer a linguagem da infância e da inocência perdidas, possa ser levianamente lido, assistido ou analisado. Charlotte e sua obsessão pela justaposição e pela composição das palavras nos convida a pensar sobre o tatibitati da convenção cristalizada dos substantivos, dos nomes e do que nos forma a memória. Na era póstudo, Charlotte exige de nós paciência para compreender o espaço da dor na constituição do seu corpo, da sua volição e da sua substância. Pedro, ciente da tarefa hercúlea que é encontrar brechas para que a sua protagonista seja de fato a única a autorizar o próprio discurso, economiza nas didascálias e a deixa só, em cena, para falar da luz, senti-la, quem sabe encontrá-la. Charlotte é quem guia Pedro (talvez Orfeu).

Como libertação, Charlotte não pode ser aprisionada ao que os convencionalismos de gênero previram. Charlotte é peixe, borboleta, mulher, sujeito pensante, dor, coisa que ama, corpo que deseja, demanda. Nesse inferno, nesse nosso tempo de rios e horizontes tão mais fragilizados e distópicos que quinze anos atrás, o texto de Pedro Kalil é um convite à escritura de que *precisamos saber*, seja para não morrer, seja para que não esqueçamos que Charlottes ainda têm lanças em suas janelas para que nada lhes restitua a perda inexorável das suas liberdades: *"Quem diria que é fácil sair do estado que se está depois de muito tempo?"*, ela nos pergunta. Crescemos, somos adultos e Charlotte tornou-se, enfim, uma de nós. Ou talvez sempre tenhamos sido Charlotte. Nós, ainda, esperando uma outra comunidade que vem.

Charlotte nos chama. Às barricadas, então.

Rio de Janeiro, 24 de agosto de 2015
(Com o *Lunapark* soprando nos fones de ouvido)

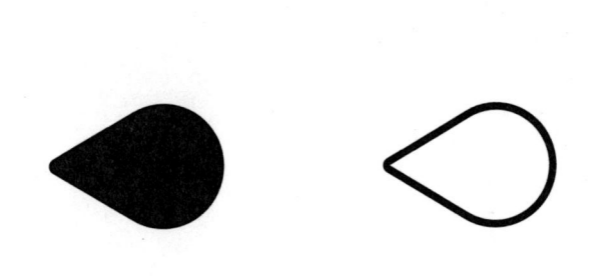

Be nobody's darling;
Be an outcast.
Take the contradictions
Of your life
And wrap around
You like a shawl,
To parry stones
To keep you warm.

Alice Walker

Charlotte-peixe-borboleta é a única personagem, por isso foi retirada a indicação de nomes. Variações são indicadas nas rubricas. Em negrito textos preferencialmente, mas não necessariamente, em *off*.

....

Charlotte-peixe-borboleta está deitada sobre uma mesa. O público em volta dela de pé. Tudo muito escuro.

Existe um monte de tipo de peixe que não é necessariamente peixe. Quer dizer, são peixes, mas são também uma outra coisa. Existe um tanto de peixes que não é só peixe. A gente é meio assim. A gente não é só a gente. Tem peixes que são ferramentas.

Peixe-espada, tubarão-martelo. Um peixe que é uma espada. Um peixe que é também martelo. Tem peixe que é meio humano, o peixe-palhaço. [*pausa.*] Mas eu acho melhor os peixes que são outros animais. Peixe-peru, peixe-zebra, tubarão-baleia. Tubarão e baleia. Não chega a ser uma baleia. É o primeiro nome que informa que é um peixe. Todos os outros são, além de peixe, alguma outra coisa. Peixe-zebra é primeiro um peixe e depois uma zebra. É um peixe, é o que indica o primeiro nome. Mas não deixa de ser uma zebra. É triste a história de vários peixes. Eles não tiveram um nome próprio. Nem todos são baiacu ou bacalhau ou peruá. Se bem que peruá é uma pipoca que não deu certo, que não aconteceu. Existe até o peixe que é uma pipoca que não deu certo. É duro pensar que existe um animal no oceano que é um animal porque não teve a sorte de estourar. Podia ser uma pipoca, ter a sorte de ter visto um filme. Mas acabou sendo frito. Ou está livre, mesmo sendo uma pipoca que falhou.

Peixes são aqueles que são e, ao mesmo tempo, se permitem ser outro ou outra coisa. Ou ao menos é assim que vemos os peixes. Para os peixes eles são somente peixes. Não devem ser mais do que peixes. Talvez o peixe-palhaço veja o tubarão-martelo como algo aterrorizante. Talvez. Mas eu acho que o peixe-palhaço não reconhece o tubarão como martelo. Ele só é. Mas o peixe-palhaço costuma fugir do tubarão-baleia. Eu acho que o peixe-palhaço não pronuncia, nem pra si mesmo, que ali tem um tubarão-martelo. Nem sempre a gente nomeia aquilo do que fugimos.

Charlotte tenta se levantar, mas não consegue.

No máximo o peixe-palhaço enche a boca de letras, mas não consegue pronunciar palavra alguma. [*pausa.*] Quanto a mim, meu primeiro nome é Charlotte. Ou sou Charlotte. Ou apenas sou. Apesar de Charlotte ser uma Carlota que não conseguiu tradução. Eu não consegui explodir. Charlotte é como me chamam. Eu poderia ser um monte de coisas. Ter ganhado um hífen. Charlotte-palhaço. Charlotte-espada. Charlotte-baleia. Mas fiquei sendo só Charlotte. Não fui Charlotte-contadora. Charlotteprofessora. Charlotte-cozinheira. Charlotte-peixe. Se é que é possível reverter a ordem natural das coisas. Alguma coisa seria peixe também, mas seria primeiramente, essencialmente, alguma outra coisa? Não sei se se pode ser alguma coisa e daí peixe. Peixe parece a coisa menos essencial de ser. Acho às vezes que sou Charlotte-peixe, apesar de achar que não se pode ser peixe. Charlotte-peixe e daí posso ser outra coisa. Posso ser uma reunião de hifens. Charlotte-peixe-espada. Charlotte-peixe-palhaço. Charlotte-tubarão-martelo.

Talvez eu esteja sendo muito dura com os peixes. Os insetos também são outras coisas. Insetos são bichos. Bicho-pau, por exemplo. Mas tem o pior de todos, que ainda é um peixe, mas é um bicho, é uma coisa, é o peixe-borboleta. É um peixe e é um inseto. Charlotte-peixe-borboleta.

Charlotte, mais uma vez, tenta se levantar, mas não consegue.

Peixes são tidos como animais de memória muito curta. Esquecem que comeram e comem de novo até morrer. Esquecem onde vivem. Uma volta no aquário faz todo o mundo renovar. Uma volta no aquário deve valer uma volta ao mundo de dois anos. É como se voltássemos, depois de dois anos, ao mesmo lugar, mas agora esse lugar é um lugar totalmente diferente. Mas ainda é o mesmo lugar. É a ordem das coisas. Elas são sempre elas mesmas-diferentes. Tem um hífen aí! Mesmo-diferente.

Mas tem uma coisa que poucas pessoas sabem sobre o peixe-borboleta. O peixe-borboleta pode viver como um casal por mais de dez anos. São peixes pequenos. Deveriam esquecer. Mas não esquecem um do outro. O peixe-borboleta. O peixe que é um inseto que voa, mas que, como peixe, não voa. O peixe que não se esquece por dez anos. O peixe que é a mesma coisa, mas diferente. Porque é peixe e é borboleta. Ele é o mesmo-diferente. Que não esquece. Ele é o mesmo que é outro. Charlotte-peixe-borboleta.

Charlotte-peixe-borboleta.

Charlotte-peixe-borboleta.

Charlotte tenta se levantar. Cai da mesa. Se arrasta pelo chão, mas as costas se levantam. É como um peixe. É como uma borboleta.

Quem disse que é fácil se levantar? Quem diria isso? Quem diria que é fácil sair do estado em que se está depois de muito tempo. É noite. Está escuro. É como se fosse uma criança rodeada por adultos. Só vejo pernas. A noite é um punhado de pernas adultas que impedem de ver o céu. A noite é a parte da luz que foi roubada pelos adultos. A luz foi roubada.

Charlotte começa a tirar do bolso e espalhar pelo chão fios com luzes, ainda arrastando, com as costas pro alto. Vai acendendo uma por uma enquanto fala.

Me falaram para esperar. É noite. Sempre foi noite. Ao menos durante muito tempo foi noite. Durante muito tempo a luz foi roubada. Durante muito tempo. Durante muito tempo estive deitada esperando amanhecer.

Me falaram para esperar. Para não contrariar a noite. E as pernas dos adultos. Que não eram pernas de adultos. Que eram outras pernas. Que eram outras árvores. Que eram outras noites. Agora consigo ver. Lusco-fusco. Agora consigo ver. Lusco-fusco.

Um buraco de luz. Flameja a noite. Os fios. Os fios que estavam comigo. Eu. Charlotte-peixe-borboleta. Eu. Lusco-fusco. Eu. É preciso aprender a enxergar de novo depois de tanto tempo só conseguindo ver o invisível. E que não era nada essencial. Enxergar o invisível é uma tarefa difícil. Consiste em se recusar a ver o que se não-vê. Hífen! Não-ver. Hífen. [*pausa.*] Depois de muitos e muitos anos consigo perceber que quando enxergava o invisível, o invisível era mesmo pernas de adultos. Pernas caminhadas. Os mesmos sapatos, os mesmos chinelos. Os mesmos-diferentes. Ver o invisível é confirmar sob a luz aquilo que estava na escuridão. Ver o invisível é o traço de luz que toda íris carrega. Nem todo mundo sabe disso. Que toda íris tem um traço de luz. Porque a possibilidade de ser atravessado por uma luz é um traço de luz iminente. Eu vejo agora. É um traço de luz no meio das pernas de adultos. Um sulco. Lusco-fusco. Depois de tantos anos sem luz, de ver o invisível, de perceber a luz iminente. A luz perturba.

Charlotte começa a apagar algumas luzes. Interrompe o procedimento. Volta a ligar as luzes.

Já não é mais tempo para ter medo da luz. Já não é mais tempo para ter medo da luz. Nunca tive medo do escuro. Já não é mais tempo para ter medo da luz.

Charlotte começa a recolher os fios acesos e a se enroscar neles, andando em direção a algum canto. Se encolhe. Olha pra cima. Olha pra frente.

Agora. [*pausa.*] Aqui. [*pausa.*] No meio das luzes. [*pausa.*] Um sol. [*pausa.*] Lenha queimando. [*pausa.*] Uma gota clara, transparente, invisível. É difícil nascer de novo. Agora tem a luz. A luz em mim, a luz dentro de mim, a luz sobre mim, a luz que sai de mim, a luz que vem a mim, a luz que dança ao meu redor, a luz que queima meus cabelos, a luz que resolve os meus contornos, a luz que molha os meus caminhos, a luz que pinta de invisível o chão em que nasci. [*pausa.*] Mas o corpo fica duro, esticado, frio. [*pausa.*] Mas a luz. O corpo duro. Esticado. Frio. [*pausa.*] Mas a luz. Mas há luz. Durante uma tarde, uma noite. Pela manhã tem que nascer de novo. Esgotada. Velha. Cansada.

Silêncio. Luzes se apagam.

Estou muito velha para ter medo. Muito velha. Para ter medo. Há um medo. Mas não em mim. Mas há o medo. Um medo. Fora de mim. Estou velha demais, mas eu escuto, escuto o sussurro, escuto o vapor. Escuto o balanço indo de um lado pro outro. Vai e vem. Vai e vem. Vai e vem. Vai e volta. Quando volta eu escuto aquelas vozes de hoje, aquelas vozes de ontem. Vozes. Eu escuto o que falam. Falam com os olhos complacentes. Com os olhos vidrados. Olhos de vidro. Olhos fundos, esses olhos que falam.

Luzes voltam. Charlotte segura um saquinho com bolas de gude. Começa um jogo sozinha. A cada bola lançada, uma frase.

Um trabalho não poderá ter. Se se retorcer e gritar é porque está possuída. Se ficar calma, toda a fumaça foi um acidente. Não, votar não poderás. Histérica, frígida, pura, puta.

Começa a recolher as bolinhas, fala rápido.

Teve um puxão pelo braço e uma língua enorme entrando na minha boca. E tinha uma respiração forte nos meus ouvidos. Eu era pequena. E teve uma mão muito maior que a minha onde há muito tempo só havia estado a minha mão. Eu grito, eu empurro, eu me debato, eu saio, eu fujo pela rua. Na rua parecia que não tinha ninguém, entretanto estava cheia de gente. E cheia de culpa, cheia de medo, cheia de vergonha. Eu não falei nada pra ninguém até que... [*longa pausa.*] Até que falei.

Uma vida é um anagrama de outras vidas, de outras falas, de outros sonhos, de outros prazeres, de outras guerras, de outros corpos, de outros desejos, do outro.

Pega dois pedaços de pau. Brinca como se fossem bonecas.

Querida, onde está Charlotte? Foi brincar. Charlotte já tem oito anos. Está na hora de aprender a fazer as coisas da casa. Está na hora dela sair desse mundo da fantasia.

Para a brincadeira de repente.

Quero ouvir uma música.

Dança. Para. Fala como se fosse a voz de outro falando com Charlotte.

Que batom é esse na sua boca? Limpa essa boca, menina! E essas unhas de moças da vida? Vai tirar esse esmalte agora! E desligue esse rádio. E prenda esse cabelo! E esse vestido? Quem foi que te deu esse vestido? Tire já esse vestido! Anda! Já tirou?

Muda a voz. Já é Charlotte novamente.

E esse esgoto vem, eu me lavo. Ele volta e me suja de novo, eu me lavo. Já não sei se a água que uso para me lavar é mesmo limpa.

Pausa.

Esse corpo que há de se tornar assim tão-somente-um-corpo-meu. Esse corpo ungido de todos os corpos do mundo, mas tão-somente-um-corpo-meu. Esse corpo transitivo, de pálpebras sem olhos. Um tambor, uma luneta, um lápis, um vermelho.

Charlotte senta na cama.

Eu não me arrependo. Dói. É claro que dói. Hoje, esse corpo já não é mais o mesmo. Esse corpo não é o mesmo. Mas é o meu corpo. É meu. Só se espera que a escolha seja minha, que a escolha do meu corpo seja a minha escolha. Sangra, o corpo sangra por quatro dias. Ele disse que ia vir. Ele disse que vinha. Porque ele disse que não conseguia estar ao meu lado, mas que vinha. [*pausa.*] Ele não veio. [*pausa.*] Nas minhas veias pulsa o sangue que vai cair.

Charlotte anda, pega uma jarra, derrama numa bacia, molha a mão na bacia e vê as gotas caindo do dedo. Fala com as gotas caindo do dedo.

Uma gota de sangue. Começa com uma gota de sangue. Ninguém vê, mal se percebe a gota. Depois são quatro dias. E ele não vem. Ele não veio. Ele vinha. Ele deveria ver esse corpo que já não é mais o mesmo. [*pausa.*] O sangue desbrota das mãos. Um liquidificador no útero. O meu corpo é meu. [*pausa.*] Não me arrependo...

A goteira parou. O sangue parou de jorrar nas veias dessas paredes. Às vezes, o que eu quero mesmo é que essa goteira nunca pare, que essa casa caia, que eu tenha que fugir, que eu tenha que ficar de pé.

Que eu esteja suja com o pó dessa casa e que esse pó seja a minha história que eu não posso esquecer, apesar de que esqueço e volto a esquecer. E tenho que me lembrar. Esse sangue que cai, esse sangue que circula.

Se levanta. Pega um pedaço de pão, entrega para um homem na plateia.

A comida é o único momento em que eu não me sinto recusada por você. Mas não quero ficar falando mais.

Pega papel, lápis, senta, ilumina o papel com uma lanterna.

No lugar desse monólogo eu vou te escrever uma carta. Uma carta bordada com gargalhadas, vestido vermelho, um decote que vai mostrar que o meu peito é o sol. De cabelo bonito como um fogo que vara o céu, labaredas que afastam o olhar de quem põe o pecado na carne dos outros. Cartas feitas de tudo que você nunca me autorizou. [pausa.] Cortando gestos e dando vida aos meus pecados. Assim nascerá uma nova Jericó prestes a cair onde dançarei no limiar de um desfiladeiro. A lua vai cantar minha fortuna que terá todo o tipo de sorte. Eu poderei cair, ou poderei cantar, ainda, poderei celebrar o dia em que essa sombra à minha frente desaparecer. Nada desse pavor, nada dessa minguada sílaba frouxa que você defende como minha vida. Será uma alegria, uma só gargalhada que se espreguiçará quando eu despertar. Aí será a vida.

Apaga a lanterna, acende, fica piscando ela, apontando pra várias direções.

Eu tento controlar a luz. A luz toma dimensões que não controlo. É como um desses anúncios enormes que colocam no meio das estradas esperando alguém passar. A luz que vaza por debaixo da porta esconde segredos. A luz que perpassa as janelas mais altas encobre segredos. A luz de televisores de madrugada. A luz que reflete no asfalto molhado de chuva. [*pausa.*] Um peixe-borboleta nunca vai ficar de pé. Um peixe-borboleta voa ou nada. Uma borboleta se arrepia e se debate em uma rede no ar. Deveria ser uma borboleta-peixe e não correr o risco de voar no ar, voar na água, uma outra rede. Existem essas fiações que limitam o espaço de andar. Serrote e barbante. Charlotte-peixe-borboleta não voa e nem nada. É necessário aprender a ficar de pé. Um arrastar cessa. Olhar na altura. [*pausa.*] As pernas dos adultos. [*pausa.*] Os ombros dos adultos. [*pausa.*] Os peitos se equilibram em tábuas de concreto. Uma olaria.

Respira. Vai ficando de pé, vai, volta, fica de pé, cai, volta, enquanto fala.

Uma coceira é uma forma de fazer circular o sangue num lugar que, ele, o sangue, está ausente. Meu corpo todo coça. Coça de alegria. As gengivas sangram. Mas o corpo coça de alegria. As gengivas lapidadas. O corpo coça.

Pega um lençol branco. Ajoelha-se.

Do meu corpo eu escolho. [*pausa.*] Tinha 13. Andava sozinho.

Deita o lençol no chão. Tem uma mancha vermelha nele.

E o que nasce do meu corpo é uma árvore, uma jabuticabeira, uma macieira. [*pausa.*] Andava sozinho. E era noite, estava escuro. [*pausa.*] Nasce daqui um pequizeiro, um abacateiro. [*pausa.*] Estava escuro e, de repente... [*pausa.*] Brotava sangue no chão. [*pausa.*] Esse sangue que começou a nascer de mim. [*pausa.*] Tinha 13 anos só. Um tiro no escuro. Ninguém nunca vai se importar. Porque era ninguém, um desses ninguéns. Um outro peixe-inseto. Eu me importo. E dói. Parir a morte dele é mais difícil que parir a vida. [*pausa.*]

Tudo aquilo que matam do que decido que sai do meu corpo. [*pausa.*] Tudo aquilo que exterminam do que decido que sai do meu corpo. [*pausa.*] Tudo aquilo que aniquilaram do que decido que sai do meu corpo. [*longa pausa.*] Tudo aquilo que foi determinado já antes de sair do meu corpo. [*pausa.*] Tudo aquilo em que colocam um preço do que sai do meu corpo. [*pausa.*] Nascem daqui cerejeiras. [*pausa.*] Rudá chora. Rudá ainda chora.

Recolhe o pano, enxuga as lágrimas com o lençol.

Na época de seca as árvores perdem as folhas, mas algumas insistem com flores. [*canta.*] *Negras tormentas agitan los aires, nubes oscuras nos impiden ver. Aunque nos espere el dolor y la muerte, contra el enemigo nos llama el deber. El bien más preciado es la libertad, hay que defenderla con fe y valor.*

Charlotte fica parada de pé.

Meu corpo é um papel em branco. [pausa.] Meu corpo é um papel em branco. Ele espera ser preenchido por letras, desenhos, rabiscos. E espera ser enviado para algum lugar. [pausa.] Meu corpo é uma carta a ser enviada. Que espera ser enviada e que encontre o destinatário correto. [pausa.] Meu corpo espera que esse destinatário entenda a língua e a linguagem. Meu corpo espera que seja respondido, mesmo que com outra língua, com outra linguagem. [pausa.] Meu corpo espera que o destinatário se afeiçoe da minha língua e da minha linguagem. Meu corpo espera que não precise de tradução. Que ele seja entendido mesmo que pela língua ou linguagem mais distante. [pausa.] Meu corpo deseja ser amado irremediavelmente. [pausa.] Meu corpo deseja ser correspondido. [pausa.] Meu corpo deseja ser ouvido. Meu corpo deseja o desejo do seu corpo. [pausa.] Meu corpo deseja.

Charlotte se senta à mesa.

Vivemos uma maldição. Vivemos o nosso próprio fantasma. Ele sempre volta. A gente sempre volta a nós mesmos. E nunca queremos voltar. Porque ao voltar colecionamos os nossos vazios. E a memória falha. Reconecta. Falha. Para os vazios dos meus desejos, tenho os fantasmas. Para os vazios da minha memória, eu leio listas.

Se levanta. Pega um papel no chão. Fala muito rápido.

Acordar escovar os dentes arrumar a cama fazer café lavar a louça guardar os pratos tomar banho vestir fazer supermercado fazer almoço lavar a louça guardar os copos trabalhar comprar um chuveiro novo fazer café caminhada fazer sopa lavar a louça guardar os talheres arrumar a cama dormir acordar escovar os dentes arrumar a cama fazer café lavar a louça guardar os copos tomar banho vestir ir ao banco fazer almoço lavar a louça guardar os talheres ariar panela trabalhar trocar luzes fazer café caminhada fazer sopa lavar a louça guardar os pratos arrumar a cama dormir. [*pausa.*]

Charlotte se levanta. Fica de costas para o público.

Mas existe um monte de tipo de peixe que não é necessariamente peixe. E, ainda, um monte de tipo de peixes que nunca vimos, que já morreram antes da gente aprender a ver em peixes outros animais. Os peixes. Os peixes-insetos. Eu, Charlotte-peixe-borboleta, ainda sobrevivo, mas tem a memória desses peixes que já se foram. A história de todos eles já foi dita, com certeza. Mas ninguém as ouviu. Ninguém as escutou. E é desse passado, que aqui é tão presente, é desse passado-presente – um hífen! – desse passado-presente-futuro – dois hifens! – que tento dizer. [*pausa.*] Charlotte, aquela que é forte. [*pausa.*] Que não conseguiu tradução. [*pausa.*] Nascer de novo é sempre minha utopia. Nasci, sobretudo, para esta utopia. [*pausa.*] Charlotte-peixe-borboleta. [*pausa.*] Charlotte-peixe-libélula. [*pausa.*] Charlotte-peixe-mariposa. [*pausa.*] Charlotte-peixe-marimbondo.

Um grito. É uma dança. É uma gargalhada. O poente é só o começo. Garrafas vazias e dentes afiados. É uma dança. É uma gargalhada. [*sorri timidamente*] Uma gargalhada.

Se vira, pega um caderno. Se senta à mesa e começa a escrever.

Há anos que escrevo pra alguém e pergunto se esse alguém quer saber a minha história. Mas essa não é só a minha história. É a história de todas as pessoas que fui. É a história de todas as pessoas que encontrei. A minha história é uma história qual-quer, dessas que se perdem no dia a dia. Mas que tem essa tentativa de memória. [*pausa.*] Eu tento me lembrar.

Guarda o caderno.

FIM

POSFÁCIO

Charlotte-peixe-borboleta foi encenada pela primeira vez com o nome de *Para lembrar Eu Solo*, pelo grupo Bayu, com direção de Cristina Tolentino e com a atriz Sandra Albéfaro, em 2013. Pode-se estranhar que para a publicação do livro tenha-se mudado o nome de sua encenação. Existe uma diferença terrível e ao mesmo tempo fascinante entre um texto escrito para o teatro e esse mesmo texto publicado em livro. Perde-se muito: as entonações das vozes, o som, as músicas, a iluminação, o cenário, etc. Muitas vezes tenta-se ser o mais específico possível quanto aos movimentos, tons, cenários, quando da publicação de um texto, para que a imaginação possa ser essa "primeira montagem" feita na cabeça do leitor, tal como afirmava Luiz Fernando Ramos a respeito de alguns escritores e dramaturgos que optaram por armar o leitor do máximo possível de rubricas e didascálias para que o texto se aproxime ao máximo da encenação.

Existe, ainda, uma diferença substancial entre um texto dramático escrito para, quiçá, um dia ser encenado de uma dramaturgia que é desenvolvida no processo da montagem do espetáculo. Sei que esta última é mais constante nas montagens contemporâneas do que a outra, e foi esse mesmo processo que se construiu no texto aqui apresentado. Apesar disso, a diferença entre a encenação e o texto continua. Optou-se aqui por reduzir ao máximo o número de indicações da montagem para que não se tentasse criar essa simulação, no texto, da encenação. E, ainda, foi possível ceder espaço àquilo que somente no texto faria sentido e que fora excluído da encenação. É por essas diferenças que o nome da publicação em livro diverge do nome da encenação.

Não se pode afirmar que *Charlotte-peixe-borboleta* foi um texto construído em um processo colaborativo, tal como foi desenvolvido no teatro brasileiro dos últimos anos, mas é inegável que a sua construção teve contribuição essencial de todos os envolvidos no espetáculo. Cenas, acontecimentos e ações foram propostos pela diretora e pela atriz e coube a mim tentar achar um contorno dramatúrgico para isso. Por outro lado, muito da criação cênica deu sentido a um texto que não prima exatamente pela ação e, por isso mesmo, pode soar pouco dramático. Nesse sentido, tenho muito a agradecer, além da diretora e à atriz, aos comentários durante os ensaios de Telma Fernandes que incentivou essa espécie de radicalidade de um monodrama que pudesse não ser exatamente uma série de acontecimentos ou uma espécie de "conversa" com a plateia. Agradeço, ainda, às colaborações de Babaya e de Marco Paulo Rolla.

Charlotte-peixe-borboleta pode ser visto, também, como um texto que apresenta restos e rastros do teatro desenvolvido por Cristina Tolentino nos últimos trinta anos. Existe um pouco dos "dramas de estações" de Augusto Strindberg que a diretora realizou em sua montagem de *O Sonho* e que já deixou marcas em *Cuenda* (dramaturgia da diretora). Existe um viés político e um olhar sobre a mulher que ficou evidente em suas montagens de *As Troianas* (de Eurípedes) e *Os Fuzis da Senhora Carrar* (de Bertold Brecht). Talvez, ainda, um pouco do autoquestionamento de *Pulsações* (dramaturgia, também, de Tolentino). O monodrama pode ser visto como embrião, ainda, em sua peça *Eu te Amo na Sua Trágica Beleza*, com um monólogo de duas personagens, inspirado na obra de Clarice Lispector (dramaturgia minha). Obviamente, o que se realiza aqui é algo totalmente diferente, mas que mantém uma coerência com o trabalho anterior de Tolentino. Outro ponto importante que norteou a produção de *Para lembrar Eu Solo*, dentro do teatro da diretora, é o trabalho do ator, no caso, da atriz. Isso, infelizmente, se perde quase que completamente no texto. Um texto como esse aqui apresentado demanda muito da atriz e ele não teria nascido dessa forma se não fosse pela competência de Cristina e pelo incrível trabalho de entrega de Sandra. Agradeço imensamente à Cristina pelo convite e pelas contribuições e, principalmente, pela sensibilidade ao tratar das palavras que aqui juntei; e à Sandra, por se entregar a esse texto.

Um texto de teatro – ao menos esse contemporâneo, que nasce de muitas vozes e processos – muitas vezes necessita se adaptar às circunstâncias de sua produção. O texto, dessa forma, é moldado ao mesmo tempo em que molda o espetáculo, sendo influenciado e influenciando as outras áreas que ajudam a compor a cena. Em *Para lembrar Eu Solo*, o cenário, de Marco Paulo Rolla, ganhou significados – com suas caixas, biombos, etc. – que aqui não estão presentes. O mesmo pode ser dito de seu figurino – simples e significativo – e do design de luz de Telma Fernandes que contribuiu decisivamente para iluminar (sem trocadilho) as nuances que o texto apresentava. Quase todas as músicas foram cortadas do texto – Nina Simone, Silver Mt. Zion, Victor Jara, etc. –, mesmo sendo eu o responsável pela trilha sonora. Perde-se também os incríveis vídeos de Joacelio Batista que compunham a cena junto com a voz em *off*, esta ainda indicada nesta publicação.

Ao desmontar o aparato cênico da montagem e ao não indicar sua utilização no texto aqui apresentado, espera-se não que se construa uma espécie de primado do texto, colocado sobre o espetáculo como uma forma de direcionar todos os outros aspectos. O objetivo de proceder dessa maneira é dar destaque para um texto que se tornou dramático muito mais nas mãos das outras pessoas aqui citadas do que na minha. O que se perde, em muitos níveis como os acima descritos, espera-se ganhar em outro, que é certa possibilidade que o texto escrito oferece ao leitor que não poderia oferecer em cena, isto é, certas nuances que funcionam muito melhor no texto escrito do que no encenado. Apesar de sutis, as diferenças entre o texto que foi levado à cena e este aqui apresentado apontam também para a particularidade que o texto escrito tem.

Aproveito ainda para agradecer à Carol Macedo por estar ao meu lado e ouvir o texto e dar sugestões quando ele ainda estava sendo preparado, processo que começou além das fronteiras e que se fecha nas margens das páginas deste livro. A criação desse texto foi toda compartilhada e o desejo de transformá-lo em livro é a continuidade do desejo de partilha.

Algo sempre se perde e algo sempre se ganha. Não é o caso de dizer quem perdeu mais ou quem ganhou menos; é o caso, na verdade, de indicar que esse texto nunca teria tido essa forma se não fosse pela montagem dirigida por Cristina Tolentino e que, também, agora, em livro, ele tem certa independência (nunca completa e que sempre vai manter laços com a encenação). É o mesmo-diferente, que a personagem da peça diz. Uma peça-livro ou um livro-peça, tanto faz.

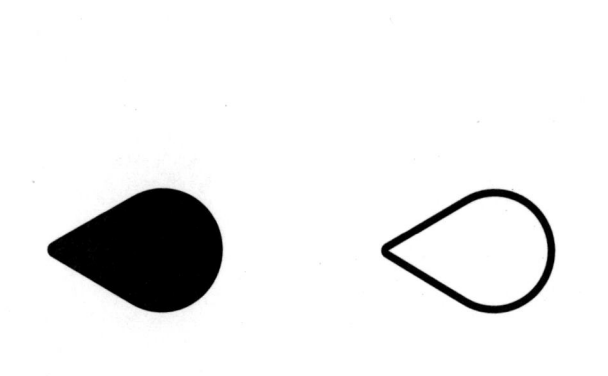

FICHA TÉCNICA DA MONTAGEM DE

"PARA LEMBRAR EU SOLO"

CONCEPÇÃO E DIREÇÃO GERAL: Cristina Tolentino
TEXTO E DRAMATURGIA: Pedro Kalil Auad
ATRIZ: Sandra Albéfaro
CANTO: Babaya
CENOGRAFIA E FIGURINO: Marco Paulo Rolla
DESIGN DE LUZ: Telma Fernandes
TRILHA SONORA: Pedro Kalil Auad
PESQUISA E PREPARAÇÃO CORPORAL/VOCAL: Cristina Tolentino
VIDEOMAKER: Joacelio Batista
FOTO: Guto Muniz
COSTUREIRA: Mércia Louzeiro Alvares
CENOTÉCNICO: Eduardo C. Mambrive e Andaimes Versáteis Ltda
DESIGN GRÁFICO: Rodrigo Rodrigues
STUDIO: Indiada Magneto
COORDENAÇÃO DE PRODUÇÃO: Regina Célia
ASSESSORIA DE IMPRENSA: Carol Macedo e Júlia Moysés (Canal C)

Esta obra foi composta em Archer Pro
sobre papel Pólen bold 90 g/m² para a Relicário Edições.